全国中等职业技术学校电子商务专业

网络营销（第三版）习题册

中国劳动社会保障出版社

简介

本习题册与全国中等职业技术学校电子商务专业教材《网络营销（第三版）》配套使用。习题册按教材章节的顺序编写，包括填空题、单项选择题、判断题、简答题、综合题等，题型丰富，难易适中，供学生课后练习使用。

本习题册由张险峰任主编，张晓凌、常乐玲和王桢毅参加编写。

图书在版编目（CIP）数据

网络营销（第三版）习题册 / 张险峰主编. -- 北京：中国劳动社会保障出版社，2019

全国中等职业技术学校电子商务专业

ISBN 978-7-5167-4138-2

Ⅰ.①网… Ⅱ.①张… Ⅲ.①网络营销－中等专业学校－习题集 Ⅳ.①F713.365.2-44

中国版本图书馆 CIP 数据核字（2019）第 163455 号

中国劳动社会保障出版社出版发行

（北京市惠新东街 1 号 邮政编码：100029）

*

三河市潮河印业有限公司印刷装订 新华书店经销

787 毫米 ×1092 毫米 16 开本 3.5 印张 57 千字

2019 年 8 月第 1 版 2024 年 12 月第 9 次印刷

定价：7.00 元

营销中心电话：400-606-6496

出版社网址：http://www.class.com.cn

http://jg.class.com.cn

目 录

第 1 章　认识网络营销

一、填空题

1. __________是传统营销在网络环境下的新发展，是营销学原理与__________相结合的产物。

2. 从营销学的角度出发，网络营销可定义为以____________为基本运行环境，借助____________和手段，并依托各种网络资源开展的一种营销活动。

3. 网络营销是以互联网为核心平台，以____________为中心，以__________________为导向，利用各种网络应用技术去实现企业营销目的的一系列行为。

4. 网络营销的主要特点包括__________、交互性、整合性、经济性、__________、信息多媒体化、人性化服务以及__________。

5. 网络营销的主要功能包括营销决策的支持功能、网络营销的传播功能、________________、________________、特色服务功能、____________、节约成本功能等。

6. 网络营销与传统营销的主要区别在于____________和____________。

二、单项选择题

1. “企业对营销活动进行统一的规划和协调，有效整合企业内部及外部资源，以统一的传播资讯向消费者传达信息，满足消费者需求。”这种说法体现了网络营销的（　　）特点。

A. 交互性　　B. 整合性

C. 经济性　　D. 技术性

2. “网络营销是在网上卖东西的一种技术。”这种说法体现了（　　）是网络营销的核心。

A. 网络用户　　B. 互联网

C. 市场需求　　D. 信息技术

3. 传统营销管理强调 4P 营销策略组合，其中“4P”是指产品、价格、（　　）和促销。

A. 渠道　　B. 市场

C. 策略　　D. 广告

4. 下列不属于 B2B 网站的是（　　）。

A. 阿里巴巴　　B. 淘宝网

C. 中国化工网　　D. 慧聪网

5. 网络营销主要通过（　　）等方式进行传播。

A. 网络广告和网络公共关系　　B. 电子邮件与网上论坛

C. 微博和微信　　D. Web 站点和 QQ

三、判断题

1. 网络营销具有超越时空限制进行信息交换的特点。（　　）

2. 网络环境下不存在经济壁垒、人为屏障和信息封锁等问题。（　　）

3. 网络市场调研只限于通过网络形式进行调查。（　　）

4. 传统营销已经过时，网络营销应摒弃传统营销的理念与方法。（　　）

5. 网络购物极大简化了消费者的购买过程。（　　）

四、简答题

1. 简述传统购买形式与网络购买形式的区别。

2. 简述传统营销与网络营销的整合方法。

五、综合题

登录艾瑞网或网上营销新观察网，了解并记录企业开展网络营销的背景、常用工具以及方法。

第 2 章　网络营销过程

第 1 节　网络营销市场调查

一、填空题

1. 网络营销市场调查与传统营销市场调查的作用一致，都是为了实现管理目标而展开的＿＿＿＿＿＿和＿＿＿＿＿＿活动。

2. 网络营销市场调查的内容有＿＿＿＿＿＿、＿＿＿＿＿＿、竞争对手调查和影响营销因素调查。

3. 与传统营销市场调查相比，网络营销市场调查的主要优势是互动性、＿＿＿＿＿＿＿＿、＿＿＿＿和经济性。

4. 网络营销市场调查的方法可分为＿＿＿＿＿＿和＿＿＿＿＿＿两种。

5. 在线调查问卷设计的步骤包括＿＿＿＿＿＿＿＿＿、＿＿＿＿＿＿和确定问答题内容。

6. 以实现提问的技术方法为标准，在线问卷法分为＿＿＿＿＿和＿＿＿＿＿两类。

二、单项选择题

1. 下列选项不属于竞争对手调查主要内容的是（　　）。

A. 竞争对手的营销组织机构　　B. 竞争对手的管理人员

C. 竞争对手的促销方式　　D. 竞争对手的产品包装

2. 下列选项属于专业在线调查机构的是（　　）。

A. 数据分析师　　B. 尼尔森在线研究

C. 问卷星　　D. 调查派

3. 下列选项不属于国内流量检测统计分析服务网站的是（　　）。

A. 百度统计　　B. 友盟＋

C. 世界网络　　D. 淘宝联盟

4. 回答完成在线调查问卷的时间长度应该控制在（　　）左右。

A. 5 分钟　　B. 10 分钟

C. 15 分钟　　D. 20 分钟

5. 下列选项不属于站点问卷调查优点的是（　　）。

A. 可执行性强　　B. 调查成本低

C. 匿名性　　D. 可控制抽样误差

三、判断题

1. 企业通过市场需求调查可以预测未来市场的发展趋势。（　　）

2. 专业在线调查机构的调查结果和数据的存储期限为一年。（　　）

3. 传统市场环境下的直接调查方法同样适用于网络市场环境。（　　）

4. 网络间接市场调查就是通过互联网收集、处理和分析“二手资料”。（　　）

5. 市场调查问卷应多采用专业术语，以体现企业的专业性。（　　）

6. 因为卷首语不是网络调查问卷的主体，所以可以忽略不写。（　　）

7. 网络调查问卷应多设置开放性问题，方便被调查对象自由发挥。（　　）

四、简答题

1. 简述在线调查问卷设计的原则。

2. 网络调查问卷包括哪些内容？

3. 简述常用的在线抽样方法。

五、综合题

注册并登录问卷星网站，在该网站上制作一份学校食堂饭菜满意度调查问卷，并发放给五位被调查对象。结合调查结果，论述在线调查需要关注的要素。

第 2 节　网络营销消费者分析

一、填空题

1. 狭义的网络消费者是指通过____________、进行消费的个人或组织，广义的网络消费者是指____________。

2. 在网络环境下，消费者与生产者可以直接构成____________，消费者可以____________。

3. 影响网络消费者购买行为的主要因素有观念转变成本、____________、学习成本、____________和____________。

4. 网络消费者的类型可以分为简单型、__________、接入型、__________、____________和运动型。

5. 消费者的购物活动一般分为____________、购前信息搜索和____________三个阶段。

6. 消费者网络信息空间认知和任务活动可分为浏览、______和______三种。

二、单项选择题

1. 在各类互联网应用（包括计算机端与移动端）中，中国网民使用率最高的是（　　）。

A. 即时通信　　B. 网络视频

C. 搜索引擎　　D. 网络资讯

2. 目前，制约我国消费者进行网络购物的主要原因是（　　）。

A. 收入水平　　B. 购物习惯

C. 计算机和网络应用能力　　D. 个人爱好

3. 下列不属于网络消费者购买产品和服务的隐性成本的是（　　）。

A. 安全成本　　B. 学习成本

C. 配送成本　　D. 体验成本

4. 某消费者在购买耳机、鼠标等电子产品时，购买决策主要受购物网站上最新的广告宣传影响，同时在购买过程中他会对时尚、有创意设计的产品与店铺更感兴趣，则该消费者属于（　　）网络消费者。

A. 简单型　　B. 冲浪型

C. 接入型　　D. 议价型

5. 网络市场的安全问题主要涉及（　　）。

A. 账户和密码安全　　B. 存储安全

C. 送货安全　　D. 个人信息安全

三、判断题

1. 网络消费者的购买决策主要受个人因素影响。　　（　　）

2. 网络市场上有海量商品，消费者需要花费大量的时间与精力去挑选。（　　）

3. 网络消费者的购买行为具有极大的可变性和可诱导性。（　　）

4. 随着网络购物的发展，消费者的地位得到不断的提升。（　　）

5. 网络消费者的购物动机主要包括需求动机和心理动机。（　　）

四、简答题

1. 简述网络消费者市场的特征。

2. 简述网络消费者的特点。

五、综合题

请收集资料，为你喜欢的某款产品或某个品牌写一份现有消费者分析报告。分析报告应包括以下内容：消费者总体消费态势、现有消费群体构成、现有消费者消费行为以及现有消费者态度。

第 3 节　网络营销市场细分

一、填空题

1. 市场细分就是以__________的某些特征为变量，把市场划分为一定的____________的过程。

2. 网络营销市场细分是指企业在调查研究的基础上依据____________、____________与习惯爱好的差异性，把网络营销市场划分成不同类型的消费群体的过程。

3. 按照市场营销理论，细分消费者市场的标准主要有两类：____________和____________________。

4. 消费者市场的主要细分变量分为地理因素、人口因素、__________、__________和利益因素五大类。

5. 网络营销市场细分的原则有可衡量性、时效性、__________、__________和____________。

6. 当市场细分不能为企业带来实质性收益时，企业就应考虑采用__________。

二、单项选择题

1.（　　）差异的存在是企业进行市场细分的客观依据。

A. 产品　　B. 价格

C. 需求偏好　　D. 渠道

2. 下列选项不属于网络消费者市场细分人口因素的是（　　）。

A. 性别　　B. 个性

C. 收入　　D. 年龄

3. 某企业将客户分为普通、白领、金领、名士等类型，则可知该企业的划分依据是（　　）。

A. 地理因素　　B. 人口因素

C. 心理因素　　D. 行为因素

4. 某冰柜制造企业根据用户提出的小块鲜肉保鲜需求推出冰温台式冷柜，抢先占领了零售鲜肉保鲜冷柜市场，这表明该企业在进行市场细分时充分考虑了

（　　）。

A. 地理因素　　　　B. 人口因素

C. 心理因素　　　　D. 行为因素

三、判断题

1. 网络消费者尚未被满足的需求是很容易被发现的。（　　）

2. 网络细分市场可以依据市场情况随时进行调整。（　　）

3. 在网络环境下，特定生活方式的人群更容易被划分出来。（　　）

4. 在网络营销市场细分的过程中，企业应避免对同质化的市场进行细分。（　　）

5. 细分市场可以由企业创造出来。（　　）

四、简答题

1. 简述网络营销市场细分的作用。

2. 网络营销市场细分应注意哪些问题？

五、综合题

登录小米商城，了解小米公司对于电子产品市场的细分情况，分析目前小米公司主推的几款产品（至少三款）各针对的是哪一类细分市场和哪一类用户。

第 4 节　网络营销市场定位与开拓

一、填空题

1. ____________是指企业根据竞争对手的情况和自身的产品来设计本企业与众不同的鲜明特点和形象，并传递给____________，使产品在细分市场上占据优势地位的一系列活动。

2. 在网络营销中，主要的市场定位策略有____________和____________。

3. 网络营销渠道是借助于网络相互协作，共同促使产品或服务被__________、__________和消费的整个组织系统。

4. 网络直销是指生产厂家通过____________的网络分销渠道直接销售产品。

5. 在市场定位的过程中，企业首先要明确自己所推出产品的类别，其次要明确这些产品与____________的区别。

二、单项选择题

1. 同质性较高的产品宜采用（　　）定位。

A. 产品专业化　　B. 市场专业化

C. 服务差异化　　D. 产品差异化

2. 下列选项不属于网络营销市场开拓技术手段的是（　　）。

A. 在搜索引擎上登记　　B. 采用分类广告发布工具

C. 统计分析网站访问情况　　D. 设点发放传单

3. 网络营销渠道的主要特性是（　　）。

A. 共享性、风险性　　B. 可靠性、风险性

C. 可用性、共享性　　D. 可靠性、可用性

4. 下列选项中，（　　）不属于网络营销市场开拓中的关系营销。

A. 强调长期拥有客户

B. 强调及时满足客户需求

C. 强调建立友好合作

D. 高度重视客户服务

5. 下列选项中，（　　）不属于网络营销市场开拓中的软营销。

A. 专栏　　B. 邮件广告

C. 访谈报道　　D. 主题活动

三、判断题

1. 市场定位即向目标客户传递有关产品的差异性信息。（　　）

2. 与竞争者的产品差异越小，企业的产品差异化战略的作用越大。（　　）

3. 在网络经济中，最重要的资源既不是货币资本，也不是信息本身，而是注意力。（　　）

4. 网络营销的分销渠道仅涉及所有权转移的组织，其成员包括各类中间商。（　　）

5. 在线卖方代理在实践中演化出中间商在线代理、虚拟购物中心等多种形式。（　　）

四、简答题

1. 简述市场定位的步骤。

2. 简述网络营销市场开拓的策略和技术手段。

五、综合题

通过网络收集资料，分析阿芙精油是如何进行市场定位的，以及其产品的分销渠道情况。

第 5 节　网络营销服务

一、填空题

1. 传统客户服务手段主要包括电话和信函咨询、工作人员上门服务和________________等。

2. 网络客户服务手段主要包括____________、____________、电子邮件和在线客服等。

3. 在线客服是一种以网站为媒介，向互联网访客与网站内部员工提供及时沟通的____________。

4. 根据网络营销交易所处在的阶段，可以将客户服务划分为______________、

________和________。

5. 互动营销包含两个层面：一是消费者与品牌之间的互动，二是________之间的互动。

6. ________是指包括论坛、贴吧、公告栏、群组讨论、在线聊天、个人空间、无线增值服务等形式在内的网络交流空间。

二、单项选择题

1. 下列 QQ 营销服务方式错误的是（　　）。

A. 每日至少群发广告 8 次以上

B. 一对一促销推广

C. 将目标客户拉入客户群

D. 在客户群内通知最新活动

2. 下列选项不属于网络个性化服务内容的是（　　）。

A. 服务时空个性化　　B. 服务方式个性化

C. 服务态度个性化　　D. 服务内容个性化

3. 下列选项不属于论坛的是（　　）。

A. 猫扑大杂烩　　B. 微博

C. 天涯社区　　D. 西祠胡同

4. 下列选项不属于网络售后服务主要特点的是（　　）。

A. 便捷性　　B. 低廉性

C. 多样性　　D. 灵活性

5. 在线帮助可采用分层目录式的结构组织，但目录层次不能太多，最好不要超过（　　）。

A. 两层　　B. 三层

C. 四层　　D. 五层

三、判断题

1. 网络服务通常无法面对面交流，因此比传统服务受限要多。（　　）

2. 远程医疗、远程教育等服务可以突破服务的时空限制。（　　）

3. 在网络环境下，传统电话、信函等客户服务工具已失去作用。（　　）

4. 在线客服是针对企业网站访客与企业进行即时沟通而设计的。　（　　）

5. 个性化的网络营销方式需要良好的创意和精准的定位。　（　　）

四、简答题

1. 简述网络营销服务的主要特点。

2. 简述网络售后服务的服务内容。

五、综合题

下载安装最新版千牛工作台，模拟女装店铺经营，设置千牛机器人自动回复与千牛快捷短语回复各五条。

第3章　网络营销产品

第1节　网络营销产品概述

一、填空题

1. 在网络营销中，产品的整体概念可分为五个层次：核心产品层次、有形产品层次、______________、延伸产品层次和______________。

2. 目前适合在互联网上销售的产品通常具有中低价位、匀质性、________、独特性、________五种特性。

3. 按照商品形态的不同，可将适用于网络营销的商品分为实体商品、软件商品和________。

4. 核心产品层次是指产品能够给消费者提供________________。

5. 实体商品的销售方式主要是通过客户在线浏览和选择，由企业组织________________。

二、单项选择题

1. 下列关于无形产品表述错误的是（　　）。

A. 网上销售的无形产品可以分为软件产品和服务产品两类

B. 企业通常采用直接由消费者从网上下载或将无形产品有形化的方式来销售软件产品

C. 服务产品通常包括普通服务和信息咨询服务两类

D. 图书、家电及歌曲下载服务是典型的无形产品

2. 下列产品最不适合在网上销售的是（　　）。

A. 计算机硬件　　B. 计算机软件

C. 起重机　　D. 图书

3. 从国内外报刊纷纷提供网络版的趋势来看，（　　）将会成为未来出版的主流。

A. 出版网络化　　　　　　　　B. 信息数字化

C. 出版软件化　　　　　　　　D. 信息网络化

4. 企业在进行网络产品定位时，适宜选择（　　）的具有市场针对性的产品。

A. 高价位　　　　　　　　B. 中高价位

C. 中低价位　　　　　　　　D. 低价位

三、判断题

1. 在网络上经营无形产品比经营有形产品更容易成功。（　　）

2. 如果某产品在各个销售渠道的价格不统一，消费者通过网络搜索很容易发现其中的差异。（　　）

3. 核心产品是消费者购买有形产品时所获得的全部服务和利益，包括提供信贷服务、免费配送以及安装和售后服务等。（　　）

4. 网络营销要求现代企业具备以较低成本进行多品种小批量产品生产的能力。（　　）

5. 研究报告和论文等信息库的查询与检索服务属于软件商品。（　　）

四、简答题

1. 简述有形产品层次的具体含义。

2. 什么是匀质产品？请举例说明。

第 2 节　网络营销产品组合

一、填空题

1. 产品线即__________，是指一组密切相关的产品。

2. 产品组合是通过组合产品的__________、长度、深度和________四个基本因素体现其组合方式的。

3. 缩减产品组合策略是与______________策略截然相反的一种营销组合策略。

4. 企业网站的类型主要有____________、资讯型企业网站和__________等。

5. 双向延伸策略通常适合____________的企业选用。

二、单项选择题

1. 向上延伸策略不适用的情况是（　　）。

A. 高档产品有较高的销售增长率和毛利率

B. 原有产品线给企业带来经营风险

C. 为了追求产品齐全以及完整的产品线

D. 以某些高档产品调整整条产品线的档次

2. 下列选项中，不属于常见网店营销产品组合的是（　　）。

A. 标准化必需品

B. 以精神文化情感消费为主的个性化商品

C. 高档汽车等奢侈品

D. 有价证卡（票、券）

3. 下列选项中，不属于资讯型企业网站主要功能的是（　　）。

A. 介绍企业优势

B. 介绍企业业绩

C. 提供管理、咨询意见

D. 宣传企业自身产品价值

4. 某企业原来仅经营低档产品，后来增加了高档产品的经营，则该企业采用的产品组合策略是（　　）。

A. 向下延伸策略　　B. 向上延伸策略

C. 定点延伸策略　　D. 双向延伸策略

5. 网络营销产品组合中的产品长度主要是指（　　）。

A. 单条产品线的总量

B. 不同产品线的总量

C. 产品项目的总量

D. 某条产品线中每种产品的花色、品种、规格的总量

三、判断题

1. 在市场环境不好或企业经营状况不景气的情况下，企业通常会采用缩减产品组合策略。（　　）

2. 有价证卡（票、券）的网络服务成本低，所以网店经营此类产品时通常会提供较高的折扣。（　　）

3. 增加产品组合的长度和深度，可充实、丰富企业的产品线，使企业更好地迎合广大网络用户的不同需要和偏好。（　　）

4. 向下延伸策略可以加强企业的竞争力，帮助企业击退竞争者，取得市场领先地位。（　　）

5. 网络商店的竞争劣势在于其经营的产品不具备直观性。（　　）

四、简答题

1. 简述企业产品组合策略。

2. 什么是企业产品线延伸策略？

3. 简述网络产品组合的选择方法。

第 3 节　网络营销产品定价

一、填空题

1.____________是指在网络营销过程中买卖双方成交的价格。

2. 任何商品想要盈利，都必须以________作为商品定价的最低界限。

3. 投资收益率目标也叫____________，即企业通过定价达到预期的投资效益。

4. 免费价格的形式主要包括__________、限制免费、部分免费和__________。

5. 企业在运用网络营销产品定价策略时，一般应考虑产品是否适合通过网络传输，是否可以实现________。

二、单项选择题

1. 在产品最初进入市场时，将价格定在较低水平，以求迅速开拓市场，抑制竞争者的进入，这种定价方法是（　　）。

A. 直接低价定价　　B. 渗透定价

C. 撇脂定价　　D. 周期定价

2. 下列折扣定价策略中，不适用于所有商品的是（　　）。

A. 数量折扣　　B. 季节性折扣

C. 现金折扣　　D. 功能折扣

3. 下列对于免费产品的特性描述不正确的是（　　）。

A. 产品成本低　　B. 易于数字化

C. 迅速成长性　　D. 冲击性强

4. 随行就市定价法属于（　　）。

A. 成本导向定价法　　B. 需求导向定价法

C. 竞争导向定价法　　D. 习惯导向定价法

5. 下列选项不属于网络营销产品定价特点的是（　　）。

A. 固定商品配置定价　　B. 全球性

C. 低价位定价　　D. 顾客主导定价

三、判断题

1. 企业经营多种产品时，可能会把某些产品的价格定得很低，甚至亏本销售，以招徕客户，帮助其他产品获利。（　　）

2. 网店销售的产品的成本主要包括采购成本（或生产成本）和营销成本。（　　）

3. 与投资收益定价法相比较，收支平衡定价法在保本的基础上会考虑目标利润，进而实现既定的投资收益率。（　　）

4. 精装版本图书比平装版本图书定价贵，是由于消费者需求的不同而导致的。（　　）

5. 企业为商品定价时，通常以“0”作为尾数，该定价策略被称为尾数定价策略。（　　）

6. 商品的销售地点不同，价格也必然不同。（　　）

四、简答题

1. 简述影响网络营销产品定价的基本因素。

2. 简述网络营销产品定价的方法。

3. 网络营销产品价格策略包括哪些内容?

五、综合题

通过网络收集拼多多产品的定价方法，并举例说明其产品定价策略与传统产品定价策略的不同之处。

第 4 章　网络促销

一、填空题

1.________是指以礼物或货币等形式，加快产品从生产者到消费者流通速度的一种短期激励手段。

2. 网络销售是在互联网上的__________进行的。

3. 促销对象可分为产品的使用者、____________和____________三种。

4. 举办网络抽奖活动一般需要注意两大问题：一是__________________，二是抽奖活动的易参与性。

5. 在所有促销形式中，__________是最有利于建立消费者对企业及其产品忠诚度的一种促销形式。

6. 网络促销的实施程序主要按确定促销对象、选择促销方式、______________、________________等步骤进行。

二、单项选择题

1. 下列选项中，不属于企业通过互联网与消费者建立的沟通渠道的是（　　）。

A. Web 页面展示　　B. 虚拟社区

C. 新闻列表　　D. 在行业网站上建立链接

2. 企业组织的沟通渠道是信息得以传送的载体，可分为正式或非正式沟通渠道、向上或向下沟通渠道和（　　）。

A. 向左或向右沟通渠道　　B. 水平沟通渠道

C. 平行沟通渠道　　D. 联合沟通渠道

3. 某些电子商务网站发行“虚拟货币”的行为是（　　）。

A. 网上折价促销　　B. 网上抽奖促销

C. 网上积分促销　　D. 网上变相折价促销

4. 网络广告的优势不包括（　　）。

A. 传播技术先进，方式多样

B. 不受时空限制，信息容量大

C. 双向传播，即时互动

D. 辐射面广

三、判断题

1. 企业在选择网络广告形式促销时，应考虑目标消费者的媒体使用习惯，才能做到有的放矢，使广告所发挥的促销作用最大化。（　　）

2. 传统广告是定时定点定期发布的，受众无法检索。（　　）

3. 赠品促销活动应该具有前瞻性，所以冬季的促销活动可以赠送夏季使用的产品。（　　）

4. 企业进行站点推广时，在著名搜索引擎进行付费注册是非常有必要的。（　　）

5. 在线交流促销是企业针对消费者开展的促销活动形式，该活动形式不适用于中间商。（　　）

6. 企业选择广告形式促销时，应结合实际情况进行选择，不应盲目认为广告费用越贵越好。（　　）

四、简答题

1. 简述网络促销的特点。

2. 网络促销的功能都有哪些？

3. 简述网络促销与传统促销的区别。

4. 如何制定网络促销预算方案？

五、综合题

选择一款电子书产品，利用网络收集该产品在相关平台的报价信息，并根据所收集的信息制定一份电子书促销预算方案。

第 5 章　网络营销工具与方法

第 1 节　企业网站营销

一、填空题

1. 企业网站的价值在于灵活地向消费者展示________________。

2. 网站是一个信息载体，在__________的范围内，可以发布许多信息。

3. 企业通过网站不仅可以为客户提供各种__________和__________，还可以利用网站来增进与用户之间的关系。

4. 企业网站的分类包括____________________、网络直销型企业网站和________________________三种。

5. 企业网站的推广主要有两种形式：一是__________，二是__________。

二、单项选择题

1. 下列信息不宜在企业网站上发布的是（　　）。

A. 产品信息　　B. 招标信息

C. 娱乐信息　　D. 合作信息

2. 下列网站不属于常见企业网站类型的是（　　）。

A. 网络直销型　　B. 综合型

C. 信息发布型　　D. 调研型

3. 下列选项中，不属于企业网站建设流程的是（　　）。

A. 测试发布　　B. 维护更新

C. 信息发布　　D. 域名注册

4. 下列企业网站中，属于信息发布型网站的是（　　）。

A. 京东　　B. 美的

C. 淘宝　　D. 戴尔

5. 网络直销功能是指企业网站在发布企业基本信息的基础上增加了（　　）功能。

A. 互联网推广和自媒体推广

B. 接受订单和支付功能

C. 企业介绍和产品宣传

D. 产品目录和客服信息

三、判断题

1. 从营销策略的角度来看，企业网站的本质是一个开展网络营销的综合性工具。（　　）

2. 小米公司的网站属于信息发布型企业网站。（　　）

3. 针对企业网站而言，最有效的营销途径是在搜索引擎上注册网站。（　　）

4. 企业网站的建设水平直接关系到网络营销的效果。（　　）

5. 在线交易平台是企业的交易市场，是企业网站的高级形态。（　　）

四、简答题

1. 企业网站应包含哪些功能？

2. 企业网站建成后，企业要定期做好哪些维护工作？

五、综合题

登录魅族公司网站，写出魅族公司网站的主要功能及其所属的企业网站类型。

第 2 节　搜索引擎营销

一、填空题

1. 搜索引擎的主要功能是将信息____________，建立索引，然后将索引的内容放到检索数据库中。

2. 搜索引擎注册就是将____________提交给搜索引擎的过程，以便使企业网站获得更多用户的访问。

3. 搜索引擎营销的目的在于____________，增加知名度。

4. ____________通过设定关键字的方式进行产品或企业宣传。

5. 搜索引擎优化的原理是按照________________的规则，对网站进行相关技术处理，提升网站排名。

二、单项选择题

1. 下列选项中，不属于搜索引擎对网络营销作用延伸的是（　　）。

A. 提升网络品牌　　B. 网上直接交易

C. 发现商机　　D. 网站推广

2. 下列选项中，不属于影响百度关键词质量度因素的是（　　）。

A. 竞价　　B. 用户体验

C. 点击率　　D. 信用度

3. 在选择百度搜索引擎中链接的提交方式时，应选择（　　）以保证新链接及时被百度收录。

A. 自动推送　　B. 手动提交

C. 主动推送　　D. 适时推送

4. 下列选项不属于优化网站链接做法的是（　　）。

A. 引入链接　　B. 引出链接

C. 内部交叉链接　　D. 缩短链接

5. 网站核心关键词一般在（　　）以内为宜。

A. 3 个　　B. 4 个

C. 5 个　　D. 6 个

三、判断题

1. 搜索引擎设置关键词广告覆盖范围越大越好。（　　）

2. 绝大多数搜索引擎，都允许企业免费注册自己的网站。（　　）

3. 百度搜索引擎有其固有算法，普通用户无法提高自己的排名。（　　）

4. 在进行搜索引擎优化时，应尽量使用动态页面来表达，以吸引受众的注意力。（　　）

5. 对重要的搜索页面反复交叉链接，有助于搜索引擎更快地找到企业的重要页面并将之收录。（　　）

四、简答题

1. 简述搜索引擎对网络营销的作用。

2. 选择搜索引擎关键词的原则是什么？

3. 如何进行网站链接优化？

五、综合题

1. 针对同一关键词，网站 A 的质量度为 0.9，价格为 50 元；网站 B 的质量度为 0.7，价格为 55 元；网站 C 的质量度为 0.5，价格为 80 元。请据此计算三个网站的分值并给出它们的排名。

2. 请注册百度搜索引擎关键词广告，并写出操作步骤。

第3节　许可电子邮件营销

一、填空题

1. ________是电子邮件营销的一个基本手段，在电子邮件营销中起到重要作用。

2.__________电子邮件营销是指使用专业服务商的电子邮件地址开展的电子邮件营销。

3. 许可电子邮件营销是在用户事先许可的前提下，通过电子邮件的形式向目标用户传递__________的一种网络营销手段。

4. 邮件列表是网络上的一种重要工具，用于各种群体之间的____________和____________。

5. 利用第三方邮件列表发送平台可以减少__________，提高电子邮件的发送效率。

二、单项选择题

1. 下列选项不属于许可电子邮件营销功能的是（　　）。

A. 品牌形象　　B. 客户关系

C. 在线交易　　D. 市场调研

2. 下列选项不属于许可电子邮件营销优势的是（　　）。

A. 成本低　　B. 体验度好

C. 回应率高　　D. 针对性强

3. 许可电子邮件营销的营销周期大约为（　　）。

A. 15 天　　B. 10 天

C. 7 天　　D. 3 天

4. 下列营销方式不属于直复营销的是（　　）。

A. 电子邮件营销　　B. 电话营销

C. 直邮广告　　D. 电视营销

5. 下列选项不属于邮件列表类型的是（　　）。

A. 管制　　B. 公开

C. 封闭　　D. 个人

三、判断题

1. 邮箱管理员登录邮件列表管理后台，点击“读取归档邮件”可以查看自己已发送的历史邮件。（　　）

2. 许可电子邮件营销的表现形式多样，所发送的邮件可以是电子邮件广告、电子杂志，也可以是新闻邮件等。（　　）

3. 经过用户许可获得的电子邮件地址是企业的宝贵营销资源，企业应善加利用，长期给这些邮件地址发送营销邮件。（　　）

4. 随着互联网的不断发展，许可电子邮件营销已逐渐淡出人们的视线。（　　）

5. 为了确保电子邮件营销信息的保密性，企业应避免与其他企业进行资源共享。（　　）

四、简答题

1. 简述许可电子邮件营销的功能。

2. 许可电子邮件营销的优势有哪些？

3. 简述邮件列表的作用。

五、综合题

使用“超级邮件群发机”按照所在班级的邮件列表群发邮件，并记录操作过程。

第4节 网络广告营销

一、填空题

1. 网络广告是确定的广告主以__________运用网络媒体劝说公众的一种信息传播活动。

2. 网络广告营销是配合企业____________，发挥网络的互动性、及时性、多媒体和跨时空等优势，策划吸引客户参与的网络广告形式。

3. 电子邮件广告一般采用________格式和________格式。

4.____________广告是一种对浏览者干扰最少，但却最有效的网络广告形式。

5. 用户浏览网站时经常会看到网站首页出现一个从小变到大，然后又变小直到消失的广告，这种广告是________广告。

二、单项选择题

1. 下列选项不属于网络广告五大构成要素的是（　　）。

A. 广告费用　　B. 广告媒体

C. 广告信息　　D. 广告价格

2. 下列选项不属于网幅广告分类的是（　　）。

A. 虚拟　　B. 静态

C. 交互式　　D. 动态

3. 动态网幅广告通常采用（　　）格式。

A. JPG　　B. PNG

C. TIF　　D. GIF

4. 网络广告的特点之一就是实时传播，这属于网络广告时间策略的（　　）。

A. 时机策略　　B. 时段策略

C. 时序策略　　D. 时长策略

5. 游戏、趣味答题、填写表格等广告形式属于（　　）。

A. 贴片式广告　　B. 种子广告

C. 网幅广告　　D. 用户生成广告

三、判断题

1. 把插播式广告投放在以前使用过插播广告的站点，广告的关注会比较高。（　　）

2. 网幅广告位的安排非常灵活，可以出现在页面的任何位置，可以竖排也可以横排。（　　）

3. 插播式广告容易引起浏览者的反感。（　　）

4. 广告主在网络上提供的广告信息是不受限制的。（　　）

5. 网络广告营销的受众数量可以准确统计。（　　）

四、简答题

1. 简述网络广告的主要形式。

2. 简述网络广告定位的策略。

3. 企业在传播网络广告信息时，应注意运用哪些心理策略？

五、综合题

使用网络广告营销的时间策略策划一则沐浴露广告。

第 5 节　微博营销

一、填空题

1 微博用户的注册名称可以是__________，也可以__________。

2. 微博的转发量是指某条微博被转发的次数总和，用于反映微博信息的_______和________。

3. 微博关注者的数量能够反映博主言论的__________和__________，对微博信息的传播有重要意义。

4. 企业通过__________同关注者交流，向微博用户传播企业及企业产品信息。

5. 如果企业在微博发布内容时添加热门话题，可以极大地提升__________和__________。

6. 微博是____________广告最好的载体之一。

二、单项选择题

1. 微博转发有奖活动符合微博营销的（　　）。

A. 利益原则　　B. 趣味原则

C. 个性魅力原则　　D. 互动原则

2. 微博具有标签功能，允许设置（　　）最符合企业或个人特征的标签。

A. 7 个　　B. 8 个

C. 9 个　　D. 10 个

3. 微博营销的效果主要体现在（　　）。

A. 微博更新的频率

B. 微博关注者的数量

C. 对潜在消费者的挖掘程度

D. 微博的转发量

4. 下列选项中，属于企业微博激发用户创造内容的方式的是（　　）。

A. 征集广告语　　B. 转发抽奖

C. 转发资源　　D. 建立微博群或 QQ 群

三、判断题

1. 微博营销可以在热门话题、趣味话题、图片和视频中植入广告。（ ）

2. 企业利用微博与用户互动时，应当适时结合一些利益作为回馈。（ ）

3. 企业微博可以利用第三方插件和软件增加转发数。（ ）

4. 现阶段将企业微博的最新信息同步动态展示到企业官方网站的手段和途径还比较单一。（ ）

5. 在企业官方微博的内容栏目中，需要涉及企业或品牌的故事、企业的经营理念、促销产品的信息等。（ ）

四、简答题

1. 简述微博营销的原则。

2. 如何规划微博营销内容？

3. 微博营销的技巧都有哪些？

五、综合题

假定你是某日化产品企业的官方微博管理人员，请你在“双 11”购物节来临之际，针对本企业的沐浴露产品策划一个微博营销方案。

第 6 节　微信营销

一、填空题

1. 微信是一款为智能手机提供______________的免费应用程序。

2. 微信拥有庞大的用户群，借助____________、天然的社交和____________等优势，能够帮助企业实现点对点精准化营销。

3. 微信中基于位置服务的______________，可以使更多陌生人看到这种强制性广告。

4. 企业微信号一般可分为两类，分别是__________和__________。

5. ____________不需要下载安装即可使用，实现了应用“触手可及”的梦想。

二、单项选择题

1. 下列选项不属于微信营销形式的是（　　）。

A. 漂流瓶　　B. 二维码

C. 日志　　D. 开放平台

2. 企业可以设定品牌二维码，用折扣和优惠来吸引用户关注，开拓（　　）的营销模式。

A. B2B　　B. C2C

C. B2C　　D. O2O

3. 下列选项中，不属于微信营销运作模式的是（　　）。

A. 信息播报式　　B. 互动营销式

C. 品牌活动式　　D. 草根广告式

4. 下列选项中，不属于常见微信内容营销技巧的是（　　）。

A. 促销活动　　B. 信息播报

C. 关怀互动　　D. 循循善诱

5.（　　）的内容营销技巧适合窄众类商品、外贸原单类商品和高端价位商品。

A. 促销活动型　　B. 信息播报型

C. 关怀互动型　　D. 文艺小资型

三、判断题

1. 移动应用中加入二维码扫描这种 O2O 的方式早已普及开来。（　　）

2. 使用微信的“查看附近的人”功能，只能查看到用户昵称等基本信息。（　　）

3. 微信公众平台的上线，使微信营销的营销渠道更加细化和直接。（　　）

4. 微信公众号要申请支付权限需要具备两个条件：第一必须是服务号，第二需要获得微信高级接口权限。（　　）

5. 信息播报是母婴类产品利用微信营销的最好方式。（　　）

四、简答题

1. 简述微信营销的特点。

2. 简述微信营销的运作模式。

3. 企业微信账号的营销技巧有哪些？

五、综合题

利用自己的微信账号开通微信公众平台订阅号，并记录开通的过程。

第 7 节　博客营销

一、填空题

1. 博客是互联网上个人发布和交流信息的工具，是________的一种新方式。

2. 有价值的博客内容会吸引大量潜在用户浏览，从而达到向______________传递营销信息的目的。

3. 企业博客是以公关和营销传播为核心的商业博客，可以分为企业高管博客、____________和____________。

4. 博客按照博客主人的____________和博客文章的____________来划分，可以分为知名博客、一般博客、热门博客。

5. 优化博客内容首先要确定以____________为主，还是以____________为主。

二、单项选择题

1. 下列选项不属于博客特点的是（　　）。

A. 及时性　　B. 个性化

C. 内容丰富　　D. 与读者互动

2. 微型博客发表的字数不能超过（　　）。

A. 180 字　　B. 140 字

C. 100 字　　D. 60 字

3. 下列选项中，不属于前期提升博客本身浏览量方法的是（　　）。

A. 注册多个博客账号　　B. 主动拜访他人博客

C. 坚持写作　　D. 制订博客写作计划

4. 下列选项中，不属于提高博客点击量方式的是（　　）。

A. 搜索引擎收录　　B. 提高博客排名

C. 第三方博客收录　　D. 发表基本博客

三、判断题

1. 博客与读者的交流是关键，没有互动交流的博客也就没有生命力。（　　）

2. 博客营销计划实际上并不是一个严格的“企业营销文章发布时刻表”，而是从较长时期来评价博客营销的一个参考。（　　）

3. 让受众通过企业的博客了解企业和企业的产品，是博客营销成败的关键。（　　）

4. 博客营销在于有价值的博客内容会吸引大量潜在用户浏览，从而达到向潜在用户传递营销信息的目的。（　　）

5. 每一个博主都希望自己的博客能够脱颖而出，成为人气最旺的博客之一，这就要求博主在内容题材的选择上要标新立异。（　　）

四、简答题

1. 什么是博客？它都具备哪些特点？

2. 采用博客营销时应注意哪些问题？

五、综合题

在新浪博客网站注册自己的账号，并记录过程。

第 8 节　事件营销

一、填空题

1. 事件营销就是通过把握新闻的规律，制造具有__________的事件，并通过具体的操作，让这一新闻事件得以传播，从而达到广告的效果。

2. 企业在进行事件营销时，要注意热点事件的__________、不确定性与__________，即应注意风险管理。

3. 事件营销具有________的特征，可以将新闻效应、广告效应、__________、形象传播和__________集合起来进行营销策划。

4. 事件营销应该有明确的目的，这一点与________的目的性完全一致。

5. 事件营销要找准事件与品牌的关联，不能脱离____________。

二、单项选择题

1. 下列选项不是事件营销要素的是（　　）。

A. 重要性　　B. 接近性　　C. 显著性　　D. 震撼性

2. 下列选项不属于事件营销中多样性的是（　　）。

A. 新闻效应　　B. 风险性

C. 形象传播　　D. 公共关系

3. 事件营销的（　　）是企业将自身的议题向社会热点话题靠拢，从而实现公众由对热点话题的关注转向对企业议题的关注。

A. 借力模式　　B. 主动模式

C. 被动模式　　D. 关注模式

4. 事件营销往往是通过利用当下的热点事件来进行的，这属于事件的（　　）。

A. 目的性　　B. 新颖性　　C. 时效性　　D. 多样性

三、判断题

1. 在进行事件营销时，企业有必要对将运作或利用的事件做一次全面的风险评估。（　　）

2. 越是在心理上、利益上和地理上与受众接近的事实，新闻价值越大。（　　）

3. 事件营销通过媒体传播时，会导致企业的广告费投入提高。（　　）

4. 企业如果能对事关自身的负面新闻加以正确的利用，也能产生较好的事件营销效果。（　　）

四、简答题

1. 什么是事件营销？

2. 简述事件营销的特点。

五、综合题

通过网络查找近三年内有一定影响力的事件营销案例，并分析它们的特点。

第 9 节　病毒性营销

一、填空题

1. 病毒性营销是一种常用的网络营销方法，常用于网站推广和________。

2. 病毒性营销利用的是用户__________的原理。

3. 采用口头传递进行病毒性营销时，使用率较高的是__________。

4. 进行病毒性营销时，携带营销信息的媒体必须易于________和________。

5. 最具创造性的病毒性营销计划是利用____________达到自己的目的。

6. 最普遍的口头传递的病毒性营销方式是____________或____________。

二、单项选择题

1. 开展病毒性营销的最基本前提是（　　）。

A. 利用他人的资源　　B. 有价值的内容

C. 创造性的营销计划　　D. 有企业微博等网络资源

2. 下列选项不属于病毒性营销特征的是（　　）。

A. 适宜的传播途径　　B. 利用现有通信网络

C. 调动公众积极性　　D. 利用口碑

3. 下列最适合进行病毒性营销的载体是（　　）。

A. 电影　　B. 纸质书

C. 电子书　　D. 汽车

三、判断题

1. 病毒性营销传播速度快、传播面广，因此需要大量费用。（　　）

2. 在进行病毒营销时，企业要将营销信息尽可能地完善。（　　）

3. 网站的使用率主要取决于所推荐内容的类型和用户群的特点。（　　）

4. 病毒性营销之所以能够发挥作用，是因为即时通信变得越来越容易而且廉价，数字格式的使用和复制更加简单。（　　）

5. 绝大多数人都具有社会性的，这表明每个人都生活在 8~12 人的亲密网络

之中。　　　　（　　）

四、简答题

1. 为什么说病毒性营销是一种高效的信息传播方式？

2. 简述病毒性营销战略应具备的基本要素。

五、综合题

利用网络搜索飞扬的小鸟（Flappy Bird）游戏，分析该游戏中存在哪些网络营销方法。

第 6 章　网络营销发展趋势

一、填空题

1. 网络整合营销是一种对各种网络营销工具和手段的系统化结合，根据环境进行即时性的__________，以使交换双方在交互中实现__________的营销理论与方法。

2. 网络整合营销就是为了建立、维护和传播品牌，以及____________，而对品牌进行计划、实施和监督的一系列营销工作。

3. 网络整合营销综合协调使用__________为主的各种传播方式，以更有效地达到品牌传播和产品营销的目的。

4. ______是整合营销传播理论的精髓，是网络营销中实施整合的理论依据。

5. 网络整合营销的个性原则是指个性化的营销方式会让消费者在心理上产生________的满足感。

6. 网络视频营销是指通过________将产品营销现场实时视频图像信号和企业形象视频信号传输到互联网上，以达到一定宣传目的营销手段。

7. 通过把传统平台的媒体移植到互联网平台，让视频的________最大化是目前视频营销的主要生存手段。

8. 视频营销的主要特点在于__________，通过受众主动、自动地传播企业品牌信息。

二、单项选择题

1. 下列选项中，属于网络视频直播音视频编码工具的是（　　）。

A. 流媒体服务器软件系统

B. 网络播放器

C. 摄像设备

D. 服务器主机

2. 下列选项中，不属于网络视频营销发展趋势的是（　　）。

A. 品牌视频化　　B. 视频网络化

C. 广告内容化　　D. 价格平民化

3. 下列选项不属于网络视频展示特点的是（　　）。

A. 互动性强　　B. 具有主动传播性

C. 传播速度快　　D. 成本昂贵

4. 虚拟现实技术的英文缩写是（　　）。

A. AR　　B. VR

C. XR　　D. NR

5. 网络视频营销的网民自创策略不包括（　　）。

A. 自制视频短片上传

B. 通过回帖发表意见

C. 向网民征集新产品评价

D. 网民主动分享视频广告短片

三、判断题

1. 企业在网络上的营销宣传信息容易被其他网络信息所淹没。（　　）

2. 门户网站信息量巨大，用户的注意力不容易集中，因此企业不应利用门户网站开展网络整合营销。（　　）

3. 实践证明，传统整合营销方法不足以实现企业营销的全过程。（　　）

4. 网络营销面临的是一个和传统市场营销基本相同的经营环境。（　　）

5. 在网络整合营销的过程中，企业不仅要给消费者提供核心利益，还要提供外延利益。（　　）

6. 由于每一个用户接触网络和媒体的行为习惯不同，这使得单一的视频传播很难有好的效果。（　　）

7. 网络视频直播是指将电视直播手段与网络视频系统相结合的一种传媒或宣传手段。（　　）

8. 企业在开展网络视频营销时，一般不宜将其与线下活动整合进行。（　　）

四、简答题

1. 简述网络整合营销的4I原则。

2. 分析网络整合营销的优劣势。

3. 网络整合营销的基本步骤是什么？

4. 简述网络视频营销的主要方式。

5. 简述网络视频营销的主要策略。

五、综合题

在一家视频直播网站（如斗鱼）注册账号，并通过截图演示操作过程。